Inhalt

Best Ager dringend gesucht - neue Herausforderungen für die Personalarbeit

Kernthesen

Beitrag

Fallbeispiele

Weiterführende Literatur

Impressum

Best Ager dringend gesucht - neue Herausforderungen für die Personalarbeit

Robert Reuter

Kernthesen

- Die Belegschaften in den Unternehmen werden infolge des demografischen Wandels in der Zukunft höhere Altersdurchschnitte aufweisen.
- Für Personalentwickler bringt der Trend neue Handlungsfelder mit sich.
- Sowohl beim Recruiting, bei der Mitarbeiterbindung und der Ausgestaltung des Arbeitsplatzes werden Personaler anders gefordert sein als heute.

Beitrag

Die Belegschaften werden älter

Die demografische Entwicklung in Deutschland wird dazu führen, dass sich die Personalarbeit in den Unternehmen mit dem Problem alternder Belegschaften auseinandersetzen muss. Schon im Jahr 2020 wird die Altersgruppe der 50- bis 64-Jährigen doppelt so groß sein wie die Altersgruppe der 20- bis 29-Jährigen. (1)

Abnehmende körperliche Leistungsfähigkeit

Eine für die Unternehmen besonders wichtige Folge des steigenden Altersdurchschnitts bei den Mitarbeitern ist die mit höheren Lebensjahren sinkende Leistungsfähigkeit. Unterschiedliches Leistungsvermögen ist zwar auch bei jungen Menschen normal, verstärkt sich aber mit zunehmendem Alter. Die Ausdauerleistungsfähigkeit nimmt schon etwa ab dem 40. Lebensjahr ab, kann aber durch regelmäßiges Training über lange Zeit kompensiert werden. Die Muskelkraft nimmt zwischen dem 30. und 65. Lebensjahr um zirka 30

Prozent ab, was für solche Branchen Folgen hat, in denen mit großem Körpereinsatz gearbeitet wird - wie etwa in der Lagerhaltung. (1)

Auch Vorteile gibt es

Gleichwohl haben ältere Mitarbeiter auch einige Vorteile zu bieten, von denen solche Unternehmen profitieren können, die dieser Altersgruppe gute Bedingungen bieten. So haben ältere Mitarbeiter oft einen besseren Überblick über den Gesamtzusammenhang des Arbeitsprozesses. Zudem wird ihnen zugeschrieben, infolge jahrelangen Umgangs mit Kunden für diese Beziehungen ein besonders gutes Händchen zu haben. Oft haben sie den Vorteil, flexibel einsetzbar zu sein, da sie sich nicht mehr um schulpflichtige Kinder kümmern müssen. (1)

Frühzeitige Maßnahmen

Weitblickenden Unternehmen sollte klar sein, dass ihre jungen Mitarbeiter von heute möglicherweise auch noch in Jahrzehnten für sie arbeiten. Der Personalarbeit stellt sich dadurch die Aufgabe, für erträgliche Arbeitsbedingungen zu sorgen, so dass der Mitarbeiter auch jenseits der 50 gesund und motiviert bleibt. Gerade bei der Gesundheit sind vielfältige Maßnahmen bekannt, mit denen sich vermeiden lässt, dass Mitarbeiter irgendwann "fertig" sind. Um sich hier Gedanken zu machen, muss dem Unternehmen bewusst sein, dass sich ältere Mitarbeiter in den kommenden Jahrzehnten nicht mehr so leicht gegen Jüngere auswechseln lassen wie bisher. (4)

Vorausschauendes Altersmanagement

Eine vorausschauende Personal- und Produktionsentwicklung handelt vorsorglich und nicht erst, wenn Probleme entstehen. Ein betriebliches Altersmanagement erkennt frühzeitig die Fähigkeiten seiner Mitarbeiter, die auch im höheren Alter unbedingt erhalten bleiben müssen. Hiermit sind nicht zuletzt geistige Kompetenzen gemeint, die darum auch in jüngeren Jahren durch Weiterbildungsmaßnahmen gefördert werden sollten, auch wenn sich dieses "Auf-dem-laufenden-Halten" vielleicht nicht gleich, jedoch um so mehr in der Zukunft auszahlen wird. Leistungs- und motivationsfördernde Maßnahmen dürfen jedoch nicht ausschließlich leistungsschwachen Mitarbeitern verordnet werden, sondern auch denen, deren hohe Motivation unbedingt erhalten bleiben sollte.

Personalentwicklern stellt sich damit die Aufgabe, bei ihren Maßnahmen prinzipiell präventiv handeln, auch wenn sich Verbesserungsbedarfe noch gar nicht zeigen. Wenn ein Mitarbeiter nach vielen Jahren der Betriebszugehörigkeit in die innere Emigration abwandert und nur noch Dienst nach Vorschrift tut, ist es häufig zu spät. Die Firma Continental beispielsweise hat darum ein Belastungsdokumentations-System mit dem Motto "Ergonomie am Arbeitsplatz statt Frühverrentung" eingeführt. Ein anderes Beispiel ist das Belastungsanalyse-System ABATech der BMW-Gruppe. Auch die Daimler AG praktiziert seit einigen Jahren eine altersintegrative Personalpolitik. (1)

Fahrlässige Ignoranz

Auf der anderen Seite verhält sich jedes Unternehmen fahrlässig, das seine Personalentwicklungsmaßnahmen wie Weiterbildungskurse und Qualifizierung in erster Linie jungen Mitarbeiter zukommen lässt. Dahinter verbirgt sich meist der irrige Gedanke, dass sich Investitionen in die Qualifizierung älterer Mitarbeiter nicht mehr lohnen. Jedoch entbehrt es jeder Logik, das Potenzial eines Mitarbeiters brachliegen zu lassen, der noch zehn, fünfzehn oder sogar zwanzig Jahre Arbeitszeit vor sich hat. In Deutschland ist diese Fehlbeurteilung jedoch noch sehr weit verbreitet. Ab einem bestimmten Alter werden die älteren Mitarbeiter auf dem einmal erreichten Wissensstand gelassen, was sich oft negativ auf Motivation und Leistungsbereitschaft auswirkt. (3)

Wachsendes Bewusstsein

Obwohl sich die Auswirkungen des demografischen Wandels vielfach nicht konkret erkennen lassen, wächst in den Unternehmen das Bewusstein, frühzeitig gegensteuern zu müssen. So liegt eine Studie vor, in der alle befragten Unternehmen das demografisch begründete Problem einer älter werdenden Belegschaft erkannt haben. Sie erwarten, dass sich der demografische Wandel vor allem auf die Human-Resource-Strategien sowie auf die Gesamtstrategie und Standortplanung auswirken wird. Sehr konkret ist auch das Problem in den Fokus gerückt, schon bald bei der Rekrutierung talentierten Nachwuchses vor einem leergefegten Arbeitsmarkt zu stehen. Human-Ressource-Instrumente sind nach Auffassung der befragten Unternehmen jedoch in der Lage, diese Herausforderungen entweder vollständig (sagen 64 Prozent der befragten Unternehmen) oder zumindest partiell (36 Prozent) zu meistern. (2)

Leistungsträger an das Unternehmen binden

Als ein zentrales Handlungsfeld für die Bindung von Leistungsträgern an das Unternehmen gilt die betriebliche Altersvorsorge (bAV). Diese spielt nach herkömmlichem Denken in erster Linie eine Rolle bei der finanziellen Absicherung von Mitarbeitern für die Zeit nach der Verrentung. Tatsächlich aber liefert die bAV viele weitere Möglichkeiten, etwa bei der Anpassung der Arbeitsplatzanforderungen an den älter werdenden Mitarbeiter. Dazu zählt beispielsweise die Einrichtung von Langzeitkonten oder die Altersgleitzeit, die in der bAV bereits bekannt sind und nun auch für ein betriebliches Altersmanagement genutzt werden können. Zudem bieten sich der Personalentwicklung zahlreiche weitere Maßnahmen, die dazu dienen können, gute Mitarbeiter an das Unternehmen zu binden. Beispiele sind Mitarbeitergespräche, Teambuildingmaßnahmen, Employer Empowerment oder die Arbeitsplatzrotation. (2), (3)

Neue Strategien beim Recruiting

Denken müssen die Personaler auch daran, dass sie sich in der Zukunft für Arbeitsuchende ab 50 attraktiv machen müssen, denn der Pool der Älteren wird auch bei Neueinstellungen in der Zukunft ein wichtiges Reservoir bilden. In den Fokus rückt das so genannte Employer Branding - also das Bestreben von Unternehmen, sich als attraktiver Arbeitgeber zu positionieren. Damit dies gelingt, müssen die spezifischen Bedürfnisse der Älteren berücksichtigt werden, was sich aber nicht darin erschöpft, wohlklingende Werbebroschüren zu drucken. So ist es für ältere Neueinsteiger oft eine Zumutung, sich trotz respektablen Lebenslaufs und großer Erfahrung von einem sehr jungen Chef die Arbeitswelt erklären lassen zu müssen. Auch ist es verständlich, wenn sich ein 50-Jähriger nicht unbedingt wohlfühlt, wenn er in einem Team 30-jähriger Jungdynamiker landet. Gerade hinsichtlich der Kollegenschaft sind darum Bedingungen zu schaffen, die betriebspsychologische Aspekte einrechnen und berücksichtigen. Von Personalern wird in diesem Zusammenhang besonders auch Einfühlungsvermögen verlangt. (5)

Trends

Neue Konzepte im Handel

Auch im Handel findet derzeit eine Sensibilisierung für das Thema statt. Zwar reagiert die Branche eher langsam, dennoch berichten Experten davon, dass auch hier ein Umdenken hinsichtlich der Wertschätzung älterer Mitarbeiter stattfindet. Ein Beispiel hierfür liefert Galeria Kaufhof. Das Unternehmen stellt sich gerade sowohl bei der Kundschaft als auch bei der Belegschaft auf höhere Altersdurchschnitte ein. In seinen Verkaufsräumen hat Galeria Kaufhof darum das Programm "Galeria für Generationen" gestartet, das älteren Kunden ein barrierearmes Einkaufen ermöglicht. Zugleich werden ältere Mitarbeiter nicht mehr leichtfertig in den Vorruhestand entlassen. Stattdessen kommen sie in den Genuss von Weiterbildungsmaßnahmen und Gesundheitsprogrammen, die helfen sollen, sie noch möglichst lange fit und ihr Engagement am Arbeitsplatz hoch zu halten. (6)

Fallbeispiele

Der Wandel als Chance

Bereits vor sechs Jahren hat ThyssenKrupp Nirosta in Krefeld das Projekt JAN - Jung und Alt für Nirosta - aufgelegt. JAN soll die Folgen des demografischen Wandels für die Nirosta abmildern und in Vorteile verwandeln. Damit wird der demografische Wandel nicht als Bedrohung, sondern als Chance wahrgenommen. Ein Ziel des Projektes ist es, eine permanente und ganzheitliche Begleitung der demografischen Entwicklung zu erreichen, so dass strategische Unternehmensziele mit der vorhandenen Stammbelegschaft erreicht werden können. (7)

Arbeitserleichterungen durch Technik

Die Handelslogistik stellt sich ebenfalls auf alternde Belegschaften ein. Um dem Wandel zu begegnen, werden Gesundheitsvorsorge-Programme aufgelegt und Automatisierungsmaßnahmen ergriffen. Bis zum Jahr 2020 wird die Zahl der 55- bis 64-Jährigen in der Handelslogistik um 40 Prozent zunehmen. Viele Tätigkeiten in der Branche sind mit Stehen, Bücken und schwerem Heben verbunden und weisen noch dazu eine körperliche Gleichförmigkeit auf. Einen Ausweg bietet ein verstärkter Einsatz von Technik zur Automatisierung der Lagerung und zur Kommissionierung. (8), (9)

Weiterführende Literatur

(1) Europa wird grau Arbeitsgestaltung für alternde Belegschaften
aus Industrial Engineering, Heft 2/2011, S. 22-27

(2) Folgen des demografischen Wandels entschärfen - Wirtschaft erkennt Handlungsbedarf
aus Arbeit und Arbeitsrecht, Heft 06/2011, S. 352-353

(3) Unerkannte Potenziale entfalten und stille Reserven nutzen - Demografischen Wandel bewältigen
aus Arbeit und Arbeitsrecht, Heft 06/2011, S. 348-350

(4) Gesundheit braucht Weitblick
aus Personalwirtschaft, Heft 03/2011, S. 32-33

(5) Generation 50plus umwerben
aus Personal Nr. 7 vom 30.06.2011 Seite 037

(6) VON WEGEN "ALTES EISEN"
aus Lebensmittel Praxis Heft 03/2011, Seite 12

(7) Innovation statt Resignation
aus Personal Nr. 4 vom 31.03.2011 Seite 036

(8) Nachwuchs für die Logistik gesucht
aus Lebensmittel Zeitung 17 vom 29.04.2011 Seite 046

(9) Maschinen für die Schwerarbeit
aus Lebensmittel Zeitung 41 vom 15.10.2010 Seite 042

Impressum

Best Ager dringend gesucht - neue Herausforderungen für die Personalarbeit

Bibliografische Information der deutschen Nationalbibliothek

Die Deutsche Nationalbibliothek verzeichnet diese Publikation in der deutschen Nationalbibliografie; detaillierte bibliografische Daten sind im Internet über http://dnb.d-nb.de abrufbar.

ISBN: 978-3-7379-0965-5

© 2015 GBI-Genios Deutsche Wirtschaftsdatenbank GmbH, Freischützstraße 96, 81927 München, www.genios.de

Alle Rechte vorbehalten. Dieses Werk ist einschließlich aller seiner Teile – z.B. Texte, Tabellen und Grafiken - urheberrechtlich geschützt. Jede Verwertung außerhalb der Grenzen des Urheberrechtsgesetzes bedarf der vorherigen Zustimmung des Verlags. Dies gilt insbesondere auch für auszugsweise Nachdrucke, fotomechanische

Vervielfältigungen (Fotokopie/Mikroskopie), Übersetzungen, Auswertungen durch Datenbanken oder ähnliche Einrichtungen und die Einspeicherung und Verarbeitung in elektronischen Systemen.